PAUL BLANCHET

NOTES CONSTITUTIONNELLES

ÉLÉMENTAIRES

SUIVIES DU TEXTE DES

LOIS CONSTITUTIONNELLES

ÉDITION

CONTENANT

LA LOI SUR LA RÉFORME DU SÉNAT
ET LA LOI SUR LE SCRUTIN DE LISTE

PARIS

Société d'Imprimerie et Librairie administratives

Paul DUPONT

41, RUE JEAN-JACQUES-ROUSSEAU, 41

1885

PAUL BLANCHET

NOTES CONSTITUTIONNELLES

ÉLÉMENTAIRES

SUIVIES DU TEXTE DES

LOIS CONSTITUTIONNELLES

ÉDITION
contenant

LA LOI SUR LA RÉFORME DU SÉNAT

ET LA LOI SUR LE SCRUTIN DE LISTE

PARIS

Société d'Imprimerie et Librairie administratives

Paul DUPONT

41, RUE JEAN-JACQUES-ROUSSEAU

1885

DU MÊME AUTEUR :

NOTIONS DE DROIT PUBLIC A L'USAGE DE TOUS
brochure in-18.

Nous présentons ces quelques notes au même public qui a bien voulu accueillir favorablement les « *Notions de Droit public à l'usage de tous* » (1).

Le texte des lois constitutionnelles, mis au courant de la dernière revision et précédé de quelques notes *élémentaires,* tel est le contenu de cette brochure destinée uniquement aux personnes étrangères à l'étude du droit.

P. B.

(1) *Notions de Droit public à l'usage de tous,* par Paul Blanchet, Br. in-18, 1883.

NOTES CONSTITUTIONNELLES

ÉLÉMENTAIRES

PREMIÈRE PARTIE

En Angleterre, les pouvoirs politiques remontent très haut dans le passé ; ce sont eux *qui ont fait* et qui complètent encore la Constitution par le libre jeu de leurs organes.

En France, les grands pouvoirs politiques *ont été établis par la Constitution ;* ils n'ont pas cette possession certaine que consacrent les siècles ; ils ont tous été créés à un jour donné et leur existence se trouve subordonnée à l'opinion du moment.

Aussi les changements de Constitution ont-ils été nombreux en France depuis tantôt un siècle !

La Constitution de 1875 — qui est la vingtième depuis 1791 — ne se présente pas, comme les anciennes Constitutions républicaines, sous la forme d'un monument unique et homogène élevé au nom du peuple souverain.

Elle se compose, au contraire, de *trois lois bien distinctes*, formulées dans un style bref, et ne reproduisant aucune des déclarations solennelles qui formaient le préambule jusqu'alors obligé des Constitutions républicaines.

Ces lois ont établi : un Parlement divisé en deux Chambres (la Chambre des députés et le Sénat), un Président de la République irresponsable, et des ministres solidairement responsables devant les Chambres (1).

----

(1) Voir dans la deuxième partie, page 43, le texte des lois constitutionnelles.

Nous ferons remarquer que, tandis que la Chambre des députés est élue par le suffrage universel et direct, le Sénat est élu par un suffrage à deux degrés, et que le Président de la République est nommé par les deux Chambres réunies en Assemblée nationale, c'est-à-dire que ces trois grandes autorités de l'ordre constitutionnel et politique ne sont pas une émanation directe de la souveraineté du peuple: plus les fonctions sont élevées, plus on s'éloigne du suffrage *universel* et *direct*.

L'Assemblée nationale de 1871, à qui nous devons la Constitution actuelle, a repoussé le système d'une Assemblée unique ; elle a pensé qu'il importait de placer, à côté de la Chambre issue directement du suffrage populaire, une seconde Chambre ayant une origine différente et faisant, en quelque sorte, office de pouvoir pondérateur.

Dans son rapport, présenté à la Convention le 5 messidor an III, Boissy-d'Anglas disait sur cette question : « Tout impose la nécessité d'opposer une digue puissante à l'impétuosité du « Corps législatif ; il ne peut y avoir de Constitution stable là où n'existe qu'une Assemblée « unique. »

Gambetta s'exprimait dans le même sens, en janvier 1882 (projet de revision des lois constitutionnelles) : Le principe de la dualité des Chambres, disait-il, est non seulement le principe constitutif de tout gouvernement parlementaire, mais encore, malgré les errements antérieurs, le principe constitutif de tout gouvernement véritablement démocratique. »

Dans la pensée des législateurs de 1875, la Chambre, qui émane directement du peuple, reflète l'opinion du jour, elle cherche constamment à réformer l'organisation politique et sociale, elle aiguillonne le Gouvernement, l'approuvant aujourd'hui et le blâmant demain, elle s'efforce d'imposer sur toutes choses sa volonté qui n'est autre que la volonté ardente et généreuse, mais parfois passionnée, de la nation.

Une seconde Chambre investie d'attributions à peu près analogues à celles de la première et possédant à un plus haut degré l'esprit politique et l'expérience, est alors indispensable pour dégager des débats l'intérêt véritable du pays, pour modérer parfois l'action du Gouvernement, et, au

1.

besoin, pour arrêter les entraînements inhérents à toute démocratie.

Le cadre de cette brochure ne nous permet pas de discuter cette opinion.

La Constitution de 1875 n'a pas établi d'une manière précise les attributions des deux Chambres en matière budgétaire ; elle aurait pu reconnaître que la Chambre des députés doit avoir le dernier mot lorsque, par exemple, des crédits budgétaires qu'elle a supprimés sont rétablis par le Sénat. Autrement, et avec la procédure qui a prévalu dans ces dernières années, le budget peut faire éternellement la navette entre les deux Chambres, et finalement n'être pas voté en temps opportun.

Jusqu'à présent, les conflits budgétaires ont pu être évités par suite des concessions mutuelles que les Chambres se sont faites, mais le jour où ces bons procédés seraient abandonnés, il faudrait recourir à la dissolution, et, en attendant, le budget ne serait pas voté. La situation serait certainement très critique.

Il y a évidemment là une lacune dans nos lois constitutionnelles. C'est ainsi que, pour éviter un conflit entre la Chambre des députés et le Sénat, lors de la discussion du budget de 1885, — conflit dont les conséquences eussent été graves, — M. Jules Ferry n'a pu que faire appel aux sentiments et à la haute raison politique du Sénat : « quand deux Chambres sont d'accord, disait au Sénat le Président du Conseil, dans la séance du 21 mars 1885, il y a là des garanties et des raisons supérieures. Préférez-vous le conflit? Au nom de l'intérêt de la République, je vous demande de ne pas le provoquer non plus que d'engager avec la Chambre un dialogue sans issue.

« Croyez-vous que le pays verrait avec plaisir un conflit s'élever entre les deux Chambres? Il les condamnerait également et avec elle le régime parlementaire, peut-être même la République. »

Le Président du Conseil disait également dans son projet de résolution tendant à la revision partielle de la Constitution et déposé sur le bureau de la Chambre des députés le 24 mai 1884 :

« Depuis 1876, le Sénat et la Chambre sont en désaccord sur la portée de l'article 8 (1)...... Il y a là un point essentiel à régler. Une disposition plus claire qui donnerait à la Chambre le dernier mot, après deux délibérations, quant aux crédits supprimés par elle, n'aurait nullement pour effet d'enlever au Sénat son pouvoir et son action sur les finances de l'Etat.

« Craint-on que la Chambre des députés n'abuse de son « dernier mot » et que, sous forme de réduction de crédits, elle n'abroge des institutions établies par des lois et que des lois débattues et

(1) L'article 8 de la loi constitutionnelle du 24 février 1875 est ainsi conçu : « Le Sénat a, concurremment avec la Chambre des députés, l'initiative des lois. Toutefois, les lois de finances doivent être, en premier lieu, présentées à la Chambre des députés et votées par elle. »

votées dans la forme ordinaire doivent seules pouvoir abolir ou reformer ? C'est là, en effet, une objection sérieuse ; mais il ne nous paraît pas impossible de déterminer avec quelque précision les dépenses et les traitements afférents à certains services constitués par des lois organiques qui ne pourraient être modifiées que par l'accord des deux Chambres.

« On peut invoquer à cet égard l'exemple de l'Angleterre où la Chambre des Communes jouit, à l'encontre de la Chambre des Lords, de la plénitude des pouvoirs financiers, et où cependant il est admis qu'un certain nombre de services publics ne peuvent être financièrement modifiés que par l'accord des Lords et des Communes. »

A la suite de cette déclaration, la Chambre des députés fut d'avis de reviser l'article 8, mais le Sénat fut d'un avis contraire, et cette importante question resta encore sans solution.

La Chambre des députés est élue par le suffrage universel et direct, tandis que le Sénat est élu par un suffrage à deux degrés.

Tous les citoyens français, âgés d'au moins 21 ans, concourent directement, au moyen du bulletin de vote individuel, à l'élection des députés.

L'Assemblée de 1871 n'a pas voulu restreindre les droits du suffrage universel, plus libérale en cela que l'Assemblée législative de la deuxième République qui substitua au suffrage universel le suffrage restreint, à la suite d'un remarquable discours prononcé par M. Thiers, dans la séance du 24 mai 1850.

Le collège électoral sénatorial se compose, dans chaque département, des députés, des conseillers

généraux, des conseillers d'arrondissement, *et des
délégués des conseils municipaux* dont le nombre
varie suivant une progression établie par la loi (1).

Ce système électoral en appelant ainsi les
Assemblées départementales à participer à la nomination des sénateurs, a fait naître jusque dans
les moindres campagnes les préoccupations politiques, en même temps qu'il a introduit dans les
grands pouvoirs publics un peu de cet esprit
communal dont l'influence est certainement salu-
taire.

Tandis que tous les quatre ans, la Chambre des
députés se renouvelle *intégralement*, le Sénat ne
se renouvelle que *par tiers* tous les trois ans.

Dans deux cas, bien définis, le Sénat et la
Chambre des députés se réunissent pour ne former
momentanément qu'une Assemblée unique.

(1) Voir la loi du 9 décembre 1884, page 53.

1° Lorsqu'il s'agit d'élire un Président de la République.

Dans ce cas, l'Assemblée [ou Congrès (1)] *ne peut délibérer ;* elle n'est appelée qu'à voter. et doit se séparer aussitôt après le vote.

C'est ainsi que le Sénat et la Chambre se sont réunis et ont procédé, le 30 janvier 1879 et le 28 décembre 1885, pour élever M. J. Grévy à la présidence de la République.

2° Lorsque chacune des deux Chambres a décidé qu'il y a lieu de reviser telle partie des lois constitutionnelles.

Dans ce cas, l'Assemblée *délibère* et n'a pas de terme fixé pour la durée de sa session.

C'est ainsi qu'au mois d'août 1884 la Chambre et le Sénat ont procédé à la revision d'une partie des lois constitutionnelles (2).

La loi du 22 juillet 1879 a décidé que l'As-

----

(1) Terme usité dans la pratique, mais inconstitutionnel.
(2) Voir page 37.

semblée nationale de revision (Chambre et Sénat) siégerait à Versailles, aussi bien pour élire un Président de la République, que pour reviser la Constitution.

Le Président de la République est élu pour sept ans par la Chambre des députés et le Sénat, réunis en Assemblée nationale.

Une fois élu, le Président de la République se trouve placé complètement en dehors du Parlement; il ne peut communiquer avec les Chambres que par des messages. Son pouvoir est indépendant. Il exerce les attributions que lui a confiées la Constitution, dans sa pleine et entière liberté; il n'est responsable qu'en cas de haute trahison.

Par contre, les ministres sont responsables, par le fait même de l'apposition de leur signature au bas des actes présidentiels.

Aucun acte présidentiel n'est valable sans contreseing; le Président de la République ne peut dès lors rien décider sans l'assentiment de ses ministres et, ceux-ci se trouvant généralement d'accord avec le Parlement, l'harmonie des grands pouvoirs de l'État est parfaitement assurée.

Le Président de la République n'a pas le droit de pénétrer dans l'enceinte des Chambres et d'y prendre la parole pour quelque motif que ce soit.

Il ne peut communiquer avec les Chambres que par des messages dont lecture est faite à la tribune par un ministre (1).

Les Chambres ne sauraient discuter ni censurer les messages présidentiels ; elles n'ont que la faculté de faire une réponse.

Le Président de la République doit promulguer les lois *dans le mois* qui suit la transmission

______

(1) Le ministre n'a, bien entendu, en aucune façon la responsabilité du message, bien que tout message doive être contresigné par un ministre, le contreseing étant obligatoire pour chacun des actes du Président.

au Gouvernement de la loi définitivement adoptée. Il doit promulguer *dans les trois jours* les lois dont la promulgation, par un vote exprès dans l'une et l'autre Chambre, aura été déclarée urgente (1).

Dans le délai fixé pour la promulgation, le Président de la République peut, par un message motivé, demander aux deux Chambres une nouvelle délibération *qui ne peut être refusée.*

Cette demande d'une nouvelle délibération ne s'applique qu'aux lois ordinaires ; elle ne saurait s'appliquer aux décisions prises par les Chambres *réunies en Assemblée nationale,* décisions considérées à juste titre comme souveraines.

Il n'a pas été institué de vice-présidence de la République, car, en cas de décès ou de

(1) Pour que la loi soit promulguée dans les trois jours, il ne suffit pas que les Chambres aient déclaré l'urgence ordinaire qui a pour but d'abréger l'examen des projets de loi, il faut que chaque Chambre ait décidé que la loi adoptée *sera promulguée d'urgence* dans les trois jours.

démission du Président, l'Assemblée nationale désigne *immédiatement* son successeur.

D'ailleurs, un vice-président, — l'expérience l'a démontré — est ou inutile ou dangereux. Il est inutile si on ne lui donne aucune influence politique; il devient dangereux si on lui laisse jouer le moindre rôle.

La Constitution ne semble pas avoir donné au Cabinet l'importance qu'il a actuellement. Elle ne parle des ministres qu'incidemment et, en tous cas, ne souffle mot de la Présidence du Conseil.

Cependant, le ministère est le rouage le plus actif du mécanisme parlementaire.

Les ministres dirigent les grands services publics, présentent les projets de loi importants et conduisent, sous leur propre responsabilité, la politique intérieure et extérieure du Gouvernement.

La responsabilité ministérielle a été proclamée par la Constituante, et elle est devenue une règle de notre droit constitutionnel. Les lois de 1875 l'ont nettement consacrée : « Les ministres sont solidairement responsables devant les Chambres de la politique du Gouvernement, et individuellement de leurs actes personnels. »

La pratique nous a enseigné dans ces dernières années ce que la Constitution a omis de régler : la manière dont s'opèrent les changements de ministère.

Lorsqu'à la suite d'un vote hostile du Parlement, le Cabinet démissionne, le Président de la République appelle un des chefs de la nouvelle majorité et le charge de constituer un ministère en s'entourant des hommes politiques qui peuvent compter sur l'appui de leurs collègues.

Bien que pouvant être choisis en dehors des Chambres, presque tous les ministres des divers cabinets qui ont été formés depuis 1875 ont appartenu à l'une ou à l'autre Chambre, sauf cependant le Cabinet de Rochebouët, en novembre 1877, qui fut composé entièrement de personnages étrangers au Parlement. (Ce « Cabinet d'affaires » ne subsista que quelques jours.)

De 1814 à 1848 et de 1852 à 1870, le chef de l'État eut le droit de déclarer la guerre. Le Parlement ne pouvait que refuser les crédits nécessaires.

D'après l'article 9 de la loi constitutionnelle du 16 juillet 1875, la guerre ne peut être déclarée sans l'assentiment des deux Chambres.

Les traités de paix, de commerce ceux qui sont relatifs à l'état des personnes ou au droit de propriété des Français à l'étranger, ceux qui engagent les finances de l'État, doivent, pour être définitifs, être adoptés par les Chambres.

Nulle cession, nul échange, nulle adjonction de territoire ne peut avoir lieu qu'en vertu d'une loi.

; Les déclarations de guerre, les traités de paix, de commerce constituent des actes d'une grande importance ; il est donc indispensable que la responsabilité de ces actes soit partagée entre le pouvoir exécutif et le pouvoir législatif.

Il serait, en effet, imprudent d'accorder au pouvoir exécutif le droit de régler à lui seul les rapports internationaux.

D'un autre côté, certaines questions diplomatiques exigent un tact, une sûreté de vue, une habileté qu'il faut demander, non aux assemblées généralement impressionnables, mais aux quelques hommes qui dirigent avec le chef de l'État les affaires du pays.

« Ce Romain, disait Mirabeau dans son discours sur le droit de paix et de guerre, en mai 1790, ce Romain qui, portant la guerre dans les plis de sa toge, menaçait de secouer en la déroulant, tous les fléaux de la guerre, celui-là devait sentir toute l'importance de sa mission ; il était seul, il tenait en ses mains une grande destinée;

il portait la terreur, mais le Sénat nombreux qui l'envoyait, au milieu d'une discussion orageuse et passionnée, avait-il éprouvé cet effroi que le redoutable et douteux avenir de la guerre doit inspirer?

« Voyez les assemblées politiques; c'est toujours sous le charme de la passion qu'elles ont déclaré la guerre. »

L'initiative, au pouvoir exécutif, afin qu'il puisse entamer, continuer et terminer les négociations; le contrôle, la ratification des traités au Parlement. Ce partage d'attributions permet une utile collaboration des deux pouvoirs politiques, tout en laissant au cabinet une assez grande liberté d'action.

La Constitution a fourni un moyen pratique de terminer un conflit entre le Sénat, la Chambre des députés et le Gouvernement.

Le Président de la République, peut, sur l'avis conforme du Sénat, dissoudre la Chambre des députés avant l'expiration légale de son mandat.

Le droit de dissolution accordé au Président de la République est subordonné expressément à l'avis conforme du Sénat.

La dissolution de la Chambre est certainement un excellent moyen de faire appel au pays, mais ce moyen ne doit être employé que lorsqu'il y a conflit évident et que tout espoir d'accommodement a complètement disparu.

Les élections faites à la suite d'une dissolution constituent un verdict sans appel. Il assumerait une lourde responsabilité celui qui tenterait alors de résister à la volonté nettement exprimée du pays.

« L'exercice du droit de dissolution » disait le 15 décembre 1877 le Maréchal de Mac-Mahon, dans son message rédigé sous l'inspiration de M. Dufaure, « l'exercice du droit de dissolution n'est qu'un mode de consultation suprême auprès d'un juge sans appel, et ne saurait être érigé en système de gouvernement. »

On sait que le Maréchal de Mac-Mahon, Président de la République, a fait usage, le 25 juin 1877 du droit de dissolution, et que le suffrage universel a réélu, le 14 octobre suivant, une Chambre de même opinion que la Chambre dissoute.

La Chambre des députés ayant été dissoute le 25 juin 1877, le Cabinet d'alors aurait dû, aux termes de la Constitution, faire les élections dans le délai de trois mois, c'est-à-dire au plus tard le 25 septembre.

Interprétant littéralement le texte constitutionnel « les collèges électoraux sont *convoqués* dans le délai de trois mois », le Gouvernement du 16 mai promulgua dans le délai réglementaire, le 21 septembre, le décret de *convocation* des collèges électoraux, mais en fixant la date des élections au delà de ce délai.

Pour éviter le retour d'un fait de ce genre, l'Assemblée nationale de revision, réunie en août 1884, a rectifié le texte constitutionnel de manière à ne laisser place à aucune fausse interprétation : en cas de dissolution, les collèges électoraux doivent être non pas seulement *convoqués*, mais réunis pour de nouvelles élections dans le délai de deux mois (1).

(1) Voir l'article 5 de la loi constitutionnelle du 25 février 1875 modifié en 1884, page 45.

Les deux Chambres doivent être réunies en session cinq mois au moins chaque année.

La session que l'on appelle la *session ordinaire* commence le second mardi de janvier.

Le Président de la République a le droit de convoquer les Chambres en session extraordinaire. Il doit les convoquer si la demande en est faite, dans l'intervalle des sessions, par la majorité absolue des membres composant chaque Chambre.

Le Président de la République peut ajourner les Chambres.

Toutefois, l'ajournement ne peut excéder le terme d'un mois, ni avoir lieu plus de deux fois dans la même session.

Les ajournements résolus par les Chambre.
elles-mêmes comptent dans la durée de la session
ordinaire, tandis que les ajournements prononcés par le Président de la République doivent
être retranchés de ce temps.

Pendant la durée des ajournements, les convocations extraordinaires peuvent avoir lieu. Dans
la séance de l'Assemblée nationale du 16 juillet 1875, M. Dufaure a fourni à ce sujet les
explications suivantes :

« Les ajournements sont compris dans la session ; elle dure, malgré les ajournements, pendant les cinq mois que lui assigne l'article premier (1). C'est la session ordinaire, et elle
continue à durer pendant l'ajournement. Ce n'est
pas pendant le cours de la session ordinaire que
l'on peut convoquer les Chambres en session
extraordinaire. L'article dit donc très clairement

(1) Aujourd'hui l'article premier de la loi constitutionnelle du 16 juillet 1875.

que, pendant la durée de la session, c'est-à-dire pendant les ajournements comme pendant le temps où les Chambres délibèrent, il n'y a pas de convocation extraordinaire, ni par la volonté du Président, ni sur la demande des deux Chambres.

« Par conséquent. c'est en dehors des sessions, après la clôture des sessions, en dehors des ajournements, qu'ont lieu les convocations extraordinaires. »

Aucun membre de l'une ou de l'autre Chambre ne peut être poursuivi ou recherché à l'occasion des opinions ou votes émis par lui dans l'exercice de ses fonctions.

Cette disposition de la loi constitutionnelle du 16 juillet 1875 se trouve complétée par la loi du 29 juillet 1881 sur la liberté de la presse, article 41 :

« Ne donneront ouverture à aucune action les discours tenus dans le sein de l'une des deux Chambres ainsi que les rapports ou toutes autres pièces imprimées par ordre de l'une des deux Chambres.

« Ne donnera lieu à aucune action le compte rendu des séances publiques des deux Chambres fait de bonne foi dans les journaux. »

La Constitution a décidé que, pendant la durée de la session, aucun représentant ne peut être poursuivi ou arrêté, en matière criminelle ou correctionnelle, sans l'autorisation de la Chambre dont il fait partie.

La poursuite ou la détention commencée pendant l'intervalle des sessions, peut être suspendue si la Chambre le demande.

Les sénateurs et les députés sont couverts par l'inviolabilité dès qu'ils ont été proclamés élus, et avant même que l'élection ait été validée.

Ces privilèges sont d'ordre public et aucun membre du Parlement ne pourrait y renoncer ; les tribunaux se déclareraient incompétents jusqu'au moment où l'autorisation de la poursuite serait accordée.

Cette inviolabilité parlementaire n'interdit pas de citer un sénateur ou un député comme témoin pour déposer dans une affaire criminelle ou correctionnelle ; mais, si la citation est faite au cours d'une session, le représentant cité peut exciper de sa qualité pour s'abstenir de comparaître, et il ne peut être fait usage contre lui, sans l'autorisation de la Chambre à laquelle il appartient, des moyens de contrainte employés en pareil cas par le ministère public à l'égard des citoyens.

Si la Chambre ne réclame pas la suspension des poursuites commencées, la *détention préventive* d'un citoyen élu postérieurement à son arrestation, ou arrêté dans l'intervalle des sessions, ne cesse pas de plein droit dès que la Chambre, à laquelle appartient le prévenu, est réunie.

Les trois lois constitutionnelles votées en 1875 restèrent sans modification jusqu'au 19 juin 1879.

A cette date, une première revision eut lieu :

La Chambre des députés et le Sénat se réunirent en Assemblée nationale dans le but d'abroger l'article 9 de la loi constitutionnelle du 25 février 1875 relatif au siège des pouvoirs publics à Versailles.

Des délibérations de l'Assemblée de revision sortit la loi suivante :

« *Loi constitutionnelle des 19-21 juin 1879.* — Article unique : L'article 9 de la loi constitutionnelle du 25 février 1875 est abrogé (1). »

Une seconde revision eut lieu au mois d'août 1884

(1) Voir cet article page 47.

Après qu'elles eurent pris séparément des résolutions identiques tendant à la revision partielle des lois constitutionnelles, les deux Chambres se réunirent en Assemblée nationale à Versailles (1) le 4 août 1884.

Le 13 août, l'Assemblée nationale de revision se sépara après avoir apporté à la Constitution les modifications suivantes :

Loi constitutionnelle des 13-14 àoût 1884 (2).

ARTICLE PREMIER. — Le § 2 de l'article 5 de la loi constitutionnelle du 25 février 1875, relative à l'organisation des pouvoirs publics, est modifié ainsi qu'il suit :

« En ce cas, les collèges électoraux sont réunis pour de nouvelles élections dans le délai de deux mois et la Chambre dans les dix jours qui suivront la clôture des opérations électorales. »

(1) *A Versailles*, conformément aux dispositions du § 2 de l'article 3 de la loi du 22 juillet 1879.

(2) Voir également ces modifications à leur place dans la deuxième partie.

Art. 2. — Le § 3 de l'article 8 de la même loi du 25 février 1875 est complété ainsi qu'il suit :

« La forme républicaine du Gouvernement ne peut faire l'objet d'une proposition de revision.

« Les membres des familles ayant régné sur la France sont inéligibles à la Présidence de la République. »

Art. 3. — Les articles 1 à 7 de la loi constitutionnelle du 24 février 1875, relative à l'organisation du Sénat, n'auront plus le caractère constitutionnel.

Art. 4. — Le § 3 de l'article premier de la loi constitutionnelle du 16 juillet 1875, sur les rapports des pouvoirs publics, est abrogé.

Chaque fois que s'opère cette fusion des deux Chambres en une Assemblée unique de revision, le Sénat, qui compte environ moitié moins de membres que la Chambre des députés, se trouve écrasé sous le nombre.

Il importe donc que le Sénat réclame, avant la réunion de l'Assemblée de revision, qu'une entente soit établie sur les seuls points qui devront être soumis à des modifications. Il faut qu'il soit assuré à l'avance que, dans le Congrès de revision, tout se passera suivant les engagements formels pris préalablement dans chaque Chambre par délibérations séparées.

C'est de cette façon d'ailleurs que le Parlement s'entendit sur les préliminaires de là revision en 1879 et en 1884. Ce sont là des précédents qui complètent l'article 8 de la loi constitutionnelle du 25 février 1875, en limitant la mission de l'Assemblée nationale de revision aux seules questions consenties d'abord par chacune des deux Chambres.

Nous bornerons ici ces réflexions.

Le texte des lois constitutionnelles, que nous publions plus loin (1) est assez clair pour n'avoir pas besoin d'être longuement commenté, étant donné pue nous tenons à conserver à cette brochure son caractère *essentiellement élémentaire*.

En somme, la Constitution de 1875 n'est pas aussi imparfaite, aussi obscure qu'on s'est souvent plu à le dire.

Elle a, sur ses devancières, une supériorité indéniable : elle est simple ; elle n'est pas accompagnée d'un brillant cortège de formules philosophiques destinées à enseigner que « la souveraineté est inaliénable et imprescriptible » et que

(1) Page 43.

la République est « démocratique, une et indi-visible » (1).

La Constitution de 1875 n'a pas cherché à être complète ; elle a seulement déterminé la forme du gouvernement et son mode d'action, elle s'est bornée aux questions essentielles à ré-soudre.

Il faut ajouter aussi que ce n'est pas, à pro-prement parler, la Constitution d'une répu-blique, mais bien plutôt d'une monarchie libé-rale... sans monarque. Les hommes qui ont fait cette Constitution étaient peu favorables à l'établissement du régime républicain ; et si ces mêmes hommes consentirent, après de longs atermoiements, à donner à la République une consécration définitive, ce fut pour ne pas dire au pays, avide de stabilité, que, au lendemain de nos désastres, des intérêts de parti les rendaient impuissants à rien constituer.

(1) Constitution du 4 novembre 1848.

Cependant, même avec cette Constitution, tout est facile à un gouvernement républicain qui veut la pratiquer loyalement.

DEUXIÈME PARTIE

PREMIÈRE LOI CONSTITUTIONNELLE

Loi du 25 février 1875 relative à l'organisation des pouvoirs publics.

ARTICLE PREMIER. — Le pouvoir législatif s'exerce par deux Assemblées : la Chambre des députés et le Sénat.

La Chambre des députés est nommée par le suffrage universel dans les conditions déterminées par la loi électorale. La composition, le mode de nomination et les attributions du Sénat seront réglés par une loi spéciale.

ART. 2. — Le Président de la République est élu, à la majorité absolue des suffrages, par le Sénat et par la Chambre des Députés réunis en

Assemblée nationale. Il est nommé pour sept ans; il est rééligible.

Art. 3. — Le Président de la République a l'initiative des lois, concurremment avec les membres des deux Chambres; il promulgue les lois lorsqu'elles ont été votées par les deux Chambres; il en surveille et en assure l'exécution.

Il a le droit de faire grâce; les amnisties ne peuvent être accordées que par une loi.

Il dispose de la force armée.

Il nomme à tous les emplois civils et militaires.

Il préside aux solennités nationales; les envoyés et les ambassadeurs des puissances étrangères sont accrédités auprès de lui.

Chacun des actes du Président de la République doit être contresigné par un ministre.

Art. 4. — Au fur et à mesure des vacances qui se produiront à partir de la promulgation de la présente loi, le Président de la République nomme en Conseil des ministres, les conseillers d'État en service ordinaire.

Les conseillers d'État ainsi nommés ne pourront

être révoqués que par décret rendu en Conseil des ministres.

Les conseillers d'État nommés en vertu de la loi du 24 mai 1872 ne pourront, jusqu'à l'expiration de leurs pouvoirs, être révoqués que dans la forme déterminée par cette loi.

Après la séparation de l'Assemblée nationale, la révocation ne pourra être prononcée que par une résolution du Sénat.

Art. 5. — Le Président de la République peut, sur l'avis conforme du Sénat, dissoudre la Chambre des députés avant l'expiration légale de son mandat.

En ce cas, les collèges électoraux sont convoqués pour de nouvelles élections, *dans le délai de trois mois* (1).

Art. 6. — Les ministres sont solidairement responsables devant les Chambres de la politique

---

(1) Lors de la revision partielle des lois constitutionnelles, en août 1884, les mots, « dans le délai de trois mois », ont été remplacés par la disposition suivante : « En ce cas, les collèges électoraux sont réunis, pour de nouvelles élections, dans le délai de deux mois, et la Chambre dans les dix jours qui suivront la clôture des opérations électorales. »

2.

générale du Gouvernement, et individuellement de leurs actes personnels.

Le Président de la République n'est responsable que dans le cas de haute trahison.

ART. 7. — En cas de vacance par décès ou pour toute autre cause, les deux Chambres réunies procèdent immédiatement à l'élection d'un nouveau Président. Dans l'intervalle le Conseil des ministres est investi du pouvoir exécutif.

ART. 8. — Les Chambres auront le droit, par délibérations séparées, prises dans chacune à la majorité absolue des voix, soit spontanément, soit sur la demande du Président de la République, de déclarer qu'il y a lieu de reviser les lois constitutionnelles.

Après que chacune des deux Chambres aura pris cette résolution, elles se réuniront en Assemblée nationale pour procéder à la revision (1).

Les délibérations portant revision des lois constitutionnelles, en tout ou en partie, devront être

______

(1) C'est ainsi que la Chambre et le Sénat se sont réunis en Assemblée nationale, au mois d'août 1884, pour procéder à la revision partielle des lois constitutionnelles.

prises à la majorité absolue des membres composant l'Assemblée nationale.

La forme républicaine du Gouvernement ne peut faire l'objet d'une proposition de revision (1).

Les membres des familles ayant régné sur la France sont inéligibles à la Présidence de la République (1).

Toutefois, pendant la durée des pouvoirs conférés par la loi du 20 novembre 1873 à M. le Maréchal de Mac-Mahon, cette revision ne peut avoir lieu que sur la proposition du Président de la République.

ART. 9. — Le siège du pouvoir exécutif et des deux Chambres est à Versailles. (Art. abrogé, 19-21 juin 1879.)

(1) Paragraphe ajouté lors de la revision de la Constitution, en août 1884.

DEUXIÈME LOI CONSTITUTIONNELLE

Loi du 24 février 1875, relative à l'organisation du Sénat.

(Loi déconstitutionnalisée en août 1884, et remplacée en partie par la loi non constitutionnelle du 9 décembre 1884, que nous publions à la suite.)

Les articles 1 à 7 sont abrogés.

ARTICLE PREMIER. — Le Sénat se compose de trois cents membres.

Deux cent vingt-cinq élus par les départements et les colonies, et soixante-quinze élus par l'Assemblée nationale.

ART. 2. — Les départements de la Seine et du Nord éliront chacun cinq sénateurs.

Les départements de la Seine-Inférieure, Pas-de-Calais, Gironde, Rhône, Finistère, Côtes-du-Nord, chacun quatre sénateurs.

La Loire-Inférieure, Saône-et-Loire, Ille-et-Vilaine, Seine-et-Oise, Isère, Puy-de-Dôme, Somme, Bouches-du-Rhône, Aisne, Loire, Manche, Maine-et-Loire, Morbihan, Dordogne, Haute-Garonne, Charente-Inférieure, Calvados, Sarthe, Hérault, Basses-Pyrénées, Gard, Aveyron, Vendée, Orne, Oise, Vosges, Allier, chacun trois sénateurs.

Tous les autres départements, chacun deux sénateurs.

Le territoire de Belfort, les trois départements de l'Algérie, les quatre colonies de la Martinique, de la Guadeloupe, de la Réunion, et des Indes françaises, éliront chacun un sénateur.

Art. 3. — Nul ne peut être sénateur s'il n'est français, âgé de quarante ans au moins, et s'il ne jouit de ses droits civils et politiques.

Art. 4. — Les sénateurs des départements et des colonies sont élus à la majorité absolue, et, quand il y a lieu, au scrutin de liste, par un collège réuni au chef-lieu du département ou de la colonie et composé :

1° Des députés ;

2° Des conseillers généraux ;

3ª Des conseillers d'arrondissement ;

4° Des délégués élus, un par chaque conseil municipal, parmi les électeurs de la commune.

Dans l'Inde française, les membres du conseil colonial ou des conseils locaux sont substitués aux conseillers généraux, aux conseillers d'arrondissement et aux délégués des conseils municipaux.

Ils votent au chef-lieu de chaque établissement.

ART. 5. — Les sénateurs nommés par l'Assemblée sont élus au scrutin de liste, et à la majorité absolue des suffrages.

ART. 6. — Les sénateurs des départements et des colonies sont élus pour neuf années et renouvelables par tiers tous les trois ans.

Au début de la première session, les départements seront divisés en trois séries, contenant chacune un nombre égal de sénateurs; il sera procédé par la voie de tirage au sort à la désignation des séries qui devront être renouvelées à l'expiration de la première et de la deuxième période triennale.

ART. 7. — Les sénateurs élus par l'Assemblée sont inamovibles.

En cas de vacances, par décès, par démission ou autre cause, il sera, dans les deux mois, pourvu au remplacement par le Sénat lui-même.

ART. 8 (1). — Le Sénat a, concurremment avec la Chambre des députés, l'initiative et la confection des lois.

Toutefois, les lois de finances doivent être, en premier lieu, présentées à la Chambre des députés et votées par elle.

ART. 9. — Le Sénat peut être constitué en cour de justice pour juger soit le Président de la République, soit les ministres, et pour connaître des attentats commis contre la sûreté de l'État.

____

(1) Ces derniers articles n'ont pas été abrogés par la loi du 9 décembre 1884.

Art. 10. — Il sera procédé à l'élection du Sénat un mois avant l'époque fixée par l'Assemblée nationale pour sa séparation (1).

Le Sénat entrera en fonctions et se constituera le jour même où l'Assemblée nationale se séparera (1).

(1) Dispositions transitoires.

LOI DU 9 DÉCEMBRE 1884

SUR LA RÉFORME DU SÉNAT

(Abrogation des articles 1 à 7 de la loi publiée ci-dessus)

ARTICLE PREMIER. — Le Sénat se compose de trois cents membres élus par les départements et les colonies.

Les membres actuels, sans distinction entre les sénateurs élus par l'Assemblée nationale ou le Sénat (1) et ceux qui sont élus par les départements et les colonies conservent leur mandat pendant le temps pour lequel ils ont été nommés.

ART. 2. — Le département de la Seine élit dix sénateurs.

Le département du Nord élit huit sénateurs.

(1) Les sénateurs inamovibles sont supprimés par voie d'extinction.

Les départements des Côtes-du-Nord, Finistère, Gironde, Ille-et-Vilaine, Loire, Loire-Inférieure, Pas-de-Calais, Rhône, Saône-et-Loire, Seine-Inférieure élisent chacun cinq sénateurs.

L'Aisne, Bouches-du-Rhône, Charente-Inférieure, Dordogne, Haute-Garonne, Isère, Maine-et-Loire, Manche, Morbihan, Puy-de-Dôme, Seine-et-Oise, Somme, élisent chacun quatre sénateurs.

L'Ain, Allier, Ardèche, Ardennes, Aube, Aude, Aveyron, Calvados, Charente, Cher, Corrèze, Corse, Côte-d'Or, Creuse, Doubs, Drôme, Eure, Eure-et-Loir, Gard, Gers, Hérault, Indre, Indre-et-Loire, Jura, Landes, Loir-et-Cher, Haute-Loire, Loiret, Lot, Lot-et-Garonne, Marne, Haute-Marne, Mayenne, Meurthe-et-Moselle, Meuse, Nièvre, Oise, Orne, Basses-Pyrénées, Haute-Saône, Sarthe, Savoie, Haute-Savoie, Seine-et-Marne, Deux-Sèvres, Tarn, Var, Vendée, Vienne, Haute-Vienne, Vosges, Yonne élisent chacun trois sénateurs.

Les Basses-Alpes, Hautes-Alpes, Alpes-Maritimes, Ariège, Cantal, Lozère, Hautes-Pyrénées, Pyrénées-Orientales, Tarn-et-Garonne, Vaucluse, élisent chacun deux sénateurs.

Le territoire de Belfort, les trois départements de l'Algérie, les quatre colonies de la Martinique, de la Guadeloupe, de la Réunion et des Indes françaises élisent chacun un sénateur.

ART. 3. — Dans les départements où le nombre des sénateurs est augmenté par la présente loi, l'augmentation s'effectuera à mesure des vacances qui se produiront parmi les sénateurs inamovibles.

A cet effet, il sera dans la huitaine de la vacance, procédé en séance publique à un tirage au sort pour déterminer le département qui sera appelé à élire un sénateur.

Cette élection aura lieu dans le délai de trois mois à partir du tirage au sort; toutefois, si la vacance survient dans les six mois qui précèdent. le renouvellement triennal, il n'y sera pourvu qu'au moment de ce renouvellement.

Le mandat ainsi conféré expirera en même temps que celui des autres sénateurs appartenant au même département.

ART. 4. — Nul ne peut être sénateur s'il n'est français, âgé de quarante ans au moins, et s'il ne jouit de ses droits civils et politiques.

Les membres des familles qui ont régné sur la France sont inéligibles au Sénat.

Art. 5. — Les militaires des armées de terre et de mer ne peuvent être élus sénateurs.

Sont exceptés de cette disposition :

1° Les maréchaux de France et les amiraux ;

2° Les officiers généraux maintenus sans limite d'âge dans la 1ʳᵉ section du cadre de l'état-major général et non pourvus de commandement ;

3° Les officiers généraux ou assimilés placés dans la 2ᵉ section du cadre de l'état-major général ; .

4° Les militaires des armées de terre et de mer qui appartiennent soit à la réserve de l'armée active, soit à l'armée territoriale.

Art. 6. — Les sénateurs sont élus au scrutin de liste, quand il y a lieu, par un collège réuni au chef-lieu du département ou de la colonie, et composé :

1° Des députés ;

2° Des conseillers généraux ;

3° Des conseillers d'arrondissement ;

4° Des délégués élus parmi les électeurs de la commune, par chaque conseil municipal ;

Les conseils composés de 10 membres éliront un délégué.

Les conseils composés de 12 membres éliront 2 délégués.

Les conseils composés de 16 membres éliront 3 délégués.

Les conseils composés de 21 membres éliront 6 délégués.

Les conseils composés de 23 membres éliront 9 délégués.

Les conseils composés de 27 membres éliront 12 délégués.

Les conseils composés de 30 membres éliront 15 délégués.

Les conseils composés de 32 membres éliront 18 délégués.

Les conseils composés de 34 membres éliront 21 délégués.

Les conseils composés de 36 membres et au-dessus éliront 24 délégués,

Le conseil municipal de Paris élira 30 délégués.

Dans l'Inde française, les membres des conseils locaux sont substitués aux conseillers d'arrondissement. Le conseil municipal de Pondichéry élira 5 délégués. Le conseil municipal de Karikal élira 3 délégués. Toutes les autres communes éliront chacune 2 délégués.

Le vote a lieu au chef-lieu de chaque établissement.

ART. 7. — Les membres du Sénat sont élus pour neuf années.

Le Sénat se renouvelle tous les trois ans, conformément à l'ordre des séries de départements et colonies actuellement existantes.

ART. 8. — Les articles 2 (§ 1 et 2), 3, 4, 5, 8, 14, 16, 19, 23 de la loi organique du 2 août 1875 sur les élections des sénateurs sont modifiés ainsi qu'il suit :

« Art. 2. — (§ 1 et 2). Dans chaque conseil municipal, l'élection des délégués se fait, sans débat, au scrutin secret, et, le cas échéant, au scrutin de liste, à la majorité absolue des suffrages; après deux tours de scrutin, la majorité relative suffit et, en cas d'égalité de suffrages, le plus âgé est élu.

Il est procédé de même et dans la même forme à l'élection des suppléants.

Les conseils qui ont 1, 2 ou 3 délégués à élire nomment un suppléant.

Ceux qui élisent 6 ou 9 délégués nomment 2 suppléants.

Ceux qui élisent 12 ou 15 délégués nomment 3 suppléants.

Ceux qui élisent 18 ou 21 délégués nomment 4 suppléants.

Ceux qui élisent 24 délégués nomment 5 suppléants.

Le conseil municipal de Paris nomme 8 suppléants.

Les suppléants remplaceront les délégués, en cas de refus ou d'empêchement, selon l'ordre fixé par le nombre des suffrages obtenus par chacun d'eux.

« Art. 3. — Dans les communes où les fonctions de conseillers municipaux sont remplies par une délégation instituée en vertu de l'article 44 de la loi du 5 avril 1884, les délégués et suppléants sénatoriaux sont nommés par l'ancien conseil.

« Art. 4. — Si les délégués n'ont pas été présents à l'élection, notification leur en est faite dans les vingt-quatre heures par les soins du maire. Ils doivent faire parvenir aux préfets dans les cinq jours, l'avis de leur acceptation. En cas de refus ou de silence, ils sont remplacés par les suppléants qui sont alors portés sur la liste comme délégués de la commune.

« Art. 5. — Le procès-verbal de l'élection des délégués et des suppléants est transmis immédiatement au préfet. Il mentionne l'acceptation ou le refus des délégués et suppléants ainsi que les protestations élevées contre la régularité de l'élection par un ou plusieurs membres du conseil municipal une copie de ce procès-verbal est affichée à la porte de la mairie.

« Art. 8. — Les protestations relatives à l'élection des délégués ou des suppléants sont jugées, sauf recours au Conseil d'État, par le conseil de préfecture, et, dans les colonies, par le conseil privé.

Les délégués dont l'élection est annulée parce qu'ils ne remplissent pas une des conditions exigées par la loi, ou pour vice de forme, sont remplacés par les suppléants.

En cas d'annulation de l'élection d'un délégué et de celle d'un suppléant comme en cas de refus ou de décès de l'un et de l'autre, après leur acceptation, il est procédé à de nouvelles élections par le conseil municipal au jour fixé par un arrêté du préfet.

« ART. 14. — Le premier scrutin est ouvert à huit heures du matin et fermé à midi. Le second est ouvert à deux heures et fermé à cinq heures. Le troisième est ouvert à sept heures et fermé à dix heures, Les résultats du scrutin sont recensés par le bureau et proclamés immédiatement par le président du collège électoral.

« ART. 16. — Les réunions électorales pour la nomination des sénateurs pourront être tenues depuis le jour de la promulgation du décret de convocation des électeurs jusqu'au jour du vote inclusivement.

La déclaration prescrite par l'article 2 de la loi du 30 juin 1881 sera faite par deux électeurs au moins.

Les formalités et prescriptions de cet article, ainsi que celles de l'article 3, seront observées.

Les membres du Parlement élus ou électeurs dans le département, les électeurs sénatoriaux, délégués et suppléants, et les candidats ou leur mandataire, peuvent seuls assister à ces réunions.

L'autorité municipale veillera à ce que nulle autre personne ne s'y introduise.

Les délégués et suppléants justifieront de leur qualité par un certificat du maire de la commune; les candidats ou mandataires par un certificat du fonctionnaire qui aura reçu la déclaration dont il est parlé au paragraphe 2.

« ART. 19. — Toute tentative de corruption ou de contrainte par l'emploi des moyens énoncés dans les articles 177 et suivants du Code pénal, pour influencer le vote d'un électeur ou le déterminer à s'abstenir de voter, sera punie d'un emprisonnement de trois mois à deux ans et d'une amende de 50 à 500 francs, ou de l'une de ces deux peines seulement. L'article 463 du Code pénal est applicable aux peines édictées par le présent article.

« ART. 23. — Il est pourvu aux vacances survenant par suite de décès, ou de démission des sénateurs dans le délai de trois mois; toutefois si la vacance survient dans les six mois qui précèdent le renouvellement triennal, il n'y est pourvu qu'au moment de ce renouvellement. »

Art. 9. — Sont abrogés ; 1° les articles 1 à 7 de la loi du 24 février 1875 sur l'organisation du Sénat ;

2° Les articles 24 et 25 de la loi du 2 août 1875 sur les élections des sénateurs.

TROISIÈME LOI CONSTITUTIONNELLE

Loi du 16 juillet 1875, sur les rapports des Pouvoirs publics.

L'Assemblée nationale a adopté la loi dont la teneur suit :

ARTICLE PREMIER. — Le Sénat et la Chambre des députés se réunissent chaque année, le second mardi de janvier, à moins d'une convocation antérieure faite par le Président de la République.

Les deux Chambres doivent être réunies en session cinq mois au moins chaque année. La session de l'une commence et finit en même temps que celle de l'autre.

Le dimanche qui suivra la rentrée, des prières publiques seront adressées à Dieu dans les églises et dans les temples pour appeler son secours sur les travaux des Assemblées (1).

Art. 2. — Le Président de la République prononce la clôture de la session. Il a le droit de convoquer extraordinairement les Chambres. Il devra les convoquer, si la demande en est faite dans l'intervalle des sessions, par la majorité absolue des membres composant chaque Chambre.

Le Président peut ajourner les Chambres. Toutefois l'ajournement ne peut excéder le terme d'un mois, ni avoir lieu plus de deux fois, dans la même session.

Art. 3. — Un mois au moins avant le terme légal d'expiration des pouvoirs du Président de la République, les Chambres devront être réunies en Assemblée nationale pour procéder à l'élection du nouveau Président.

A défaut de convocation, cette réunion aurait lieu de plein droit le quinzième jour avant l'expiration de ces pouvoirs.

En cas de décès ou de démission du Président de la République, les deux Chambres se réunis-

(1) Paragraphe abrogé par la Chambre des députés et le Sénat réunis en Assemblée nationale en août 1884,

sent immédiatement et de plein droit. Dans le cas où, par application de l'article 5 de la loi du 25 février 1875, la Chambre des députés se trouverait dissoute au moment où la présidence de la République deviendrait vacante, les collèges électoraux seraient aussitôt convoqués, et le Sénat se réunirait de plein droit.

ART. 4. — Toute Assemblée de l'une des deux Chambres qui serait tenue hors du temps de la session commune est illicite et nulle de plein droit, sauf le cas prévu par l'article précédent et celui où le Sénat est réuni comme Cour de justice, et, dans ce dernier cas, il ne peut exercer que des fonctions judiciaires.

ART. 5. — Les séances du Sénat et celles de la Chambre des députés sont publiques.

Néanmoins, chaque Chambre peut se former en comité secret sur la demande d'un certain nombre de ses membres fixé par le règlement.

Elle décide ensuite à la majorité absolue si la séance doit être reprise en public sur le même sujet.

ART. 6. — Le Président de la République communique avec les Chambres par des messages qui sont lus à la tribune par un ministre.

Les ministres ont leur entrée dans les deux Chambres et doivent être entendus quand ils le demandent.

Ils peuvent se faire assister, par des commissaires désignés, pour la discussion d'un projet de loi déterminé, par décret du Président de la République.

Art. 7. — Le Président de la République promulgue les lois dans le mois qui suit la transmission au Gouvernement de la loi définitivement adoptée. Il doit promulguer dans les trois jours les lois dont la promulgation, par un vote exprès dans l'une et l'autre Chambre, aura été déclarée urgente.

Dans le délai fixé pour la promulgation, le Président de la République peut, par un message motivé, demander aux deux Chambres une nouvelle délibération qui ne peut être refusée.

Art. 8. — Le Président de la République négocie et ratifie les traités. Il en donne connaissance aux Chambres aussitôt que l'intérêt et la sûreté de l'État le permettent.

Les traités de paix, de commerce, les traités qui engagent les finances de l'État, ceux qui sont relatifs à l'état des personnes et au droit de propriété des Français à l'étranger, ne sont définitifs qu'après avoir été votés par les deux Chambres. Nulle cession, nul échange, nulle adjonction de territoire ne peut avoir lieu qu'en vertu d'une loi.

ART. 9. — Le Président de la République ne peut déclarer la guerre sans l'assentiment préalable des deux Chambres.

ART. 10. — Chacune des Chambres est juge de l'éligibilité de ses membres et de la régularité de leur élection; elle peut seule recevoir leur démission.

ART. 11. — Le bureau de chacune des deux Chambres est élu chaque année pour la durée de la session, et pour toute session extraordinaire qui aurait lieu avant la session ordinaire de l'année suivante.

Lorsque les deux Chambres se réunissent en Assemblée nationale, leur bureau se compose des président, vice-présidents et secrétaires du Sénat.

ART. 12. — Le Président de la République ne peut être mis en accusation que par la Chambre des députés, et ne peut être jugé que par le Sénat.

Les ministres peuvent être mis en accusation par la Chambre des députés pour crimes commis dans l'exercice de leurs fonctions. En ce cas, ils sont jugés par le Sénat.

Le Sénat peut être constitué en Cour de justice par un décret du Président de la République, rendu en Conseil des ministres, pour juger toute personne prévenue d'attentat commis contre la sûreté de l'État.

Si l'instruction est commencée par la justice ordinaire, le décret de convocation du Sénat peut être rendu jusqu'à l'arrêt de renvoi.

Une loi déterminera le mode de procéder pour l'accusation, l'instruction et le jugement.

ART. 13. — Aucun membre de l'une ou de l'autre Chambre ne peut être poursuivi ou recherché à l'occasion des opinions ou votes émis par lui dans l'exercice de ses fonctions.

ART. 14. — Aucun membre de l'une ou de l'autre Chambre ne peut, pendant la durée de la

session, être poursuivi ou arrêté en matière criminelle ou correctionnelle, qu'avec l'autorisation
de la Chambre dont il fait partie, sauf le cas de
flagrant délit.

La détention ou la poursuite d'un membre de
l'une ou de l'autre Chambre est suspendue,
pendant la session, et pour toute sa durée, si la
Chambre le requiert.

LOI DU 16 JUIN 1885

SUR LE RÉTABLISSEMENT DU SCRUTIN DE LISTE

pour les élections à la Chambre des députés

~~~~~~~~~~

La loi sur le rétablissement du scrutin de liste a sa place marquée à la suite des lois constitutionnelles.

Le scrutin de liste fait désormais partie intégrante du suffrage universel et complète notre édifice constitutionnel.

Loi du 16 juin 1885

ARTICLE PREMIER. — Les membres de la Chambre des députés sont élus au scrutin de liste.
~~~~~~~~~~

Art. 2. — Chaque département élit le nombre des députés qui lui est attribué par la présente loi, à raison d'un député par soixante-dix mille habitants, les étrangers non compris. Néanmoins, il sera tenu compte de toute fraction inférieure à soixante-dix mille.

Chaque département élit au moins trois députés.

Il est attribué deux députés au territoire de Belfort, six à l'Algérie et dix aux colonies, conformément aux indications du tableau.

Ce tableau ne pourra être modifié que par une loi.

Art. 3. — Le département forme une seule circonscription.

Art. 4. — Les membres des familles qui ont régné sur la France sont inéligibles à la Chambre des députés.

Art. 5. — Nul n'est élu au premier tour de scrutin s'il n'a réuni :

1° La majorité absolue des suffrages exprimés ;

2° Un nombre de suffrages égal au quart du nombre des électeurs inscrits.

Au deuxième tour, la majorité relative suffit.

En cas d'égalité de suffrages, le plus âgé des candidats est élu.

Art. 6. — Sauf le cas de dissolution prévu et réglé par la Constitution, les élections générales ont lieu dans les soixante jours qui précèdent l'expiration des pouvoirs de la Chambre des députés.

Art. 7. — Il n'est pas pourvu aux vacances survenues dans les six mois qui précèdent le renouvellement de la Chambre.

Voici le tableau déterminant le nombre des députés attribués à chaque département.

DÉPARTEMENTS	NOMBRE de députés
Ain	6
Aisne	8
Allier	6
Alpes (Basses)	3
Alpes (Hautes)	3
Alpes-Maritimes	3

3

DÉPARTEMENTS	NOMBRE de députés
Ardèche	6
Ardennes	5
Ariège	4
Aube	4
Aude	5
Aveyron	6
Bouches-du-Rhône	8
Calvados	7
Cantal	4
Charente	6
Charente-Inférieure	7
Cher	6
Corrèze	5
Corse	4
Côte-d'Or	6
Côtes-du-Nord	9
Creuse	4
Dordogne	8
Doubs	5
Drôme	5
Eure	6
Eure-et-Loire	4
Finistère	10
Gard	6
Garonne (Haute)	7

DÉPARTEMENTS	NOMBRE de députés
Gers	4
Gironde	11
Hérault	7
Ille-et-Vilaine	9
Indre	5
Indre-et-Loire	5
Isère	9
Jura	5
Landes	5
Loir-et-Cher	4
Loire	9
Loire (Haute)	5
Loire-Inférieure	9
Loiret	6
Lot	4
Lot-et-Garonne	5
Lozère	3
Maine-et-Loire	8
Manche	8
Marne	6
Marne (Haute)	4
Mayenne	5
Meurthe-et-Moselle	6
Meuse	5
Morbihan	8

DÉPARTEMENTS	NOMBRE de députés
Nièvre	5
Nord	20
Oise	6
Orne	6
Pas-de-Calais	12
Puy-de-Dôme	9
Pyrénées (Basses)	6
Pyrénées (Hautes)	4
Pyrénées-Orientales	3
Rhin (Haut) (territoire de Belfort)	2
Rhône	11
Saône (Haute)	5
Saône-et-Loire	9
Sarthe	7
Savoie	4
Savoie (Haute)	4
Seine	38
Seine-Inférieure	12
Seine-et-Marne	5
Seine-et-Oise	9
Sèvres (Deux-)	5
Somme	8
Tarn	6
Tarn-et-Garonne	4
Var	4

DÉPARTEMENTS	NOMBRE de députés
Vaucluse	4
Vendée	7
Vienne	5
Vienne (Haute-)	5
Vosges	6
Yonne	6

ALGÉRIE

Alger	2
Constantine	2
Oran	2

COLONIES

Cochinchine	1
La Guadeloupe	2
Guyane française	1
Inde française	1
La Martinique	2
La Réunion	2
Sénégal	1
Total	584

Paris.-Imp. PAUL DUPONT, 67.1.86. Rn.